NTC Language Masters

Spanish
Tests for
Listening

Intermediate through Advanced

Seán Scullion   Luke Stannard

ISBN: 0-8442-2744-7

This edition first published in 1999 by National Textbook Company,
a division of NTC/Contemporary Publishing Group, Inc.,
4255 West Touhy Avenue,
Lincolnwood (Chicago), Illinois 60646-1975 U.S.A.
Manufactured in the United States of America.

987654321

Published by NTC/Contemporary Publishing Group, Inc.

Contents

Teacher's Notes

NTC Language Masters: Spanish Tests for Listening are listening comprehension tests for students at the intermediate through advanced stages of language learning. The tests, in a blackline-master format, are to be photocopied. The first section of this book presents four tests (labeled A, B, C, and D) at the intermediate level; the tests in the second section (also labeled A, B, C, and D) are for the advanced level. Two audiocassettes accompany these tests; complete tapescripts as well as answer keys are included in the book.

Each test item has a spoken stimulus in Spanish (recorded on the audiocassettes). Students are to provide answers on their test sheets. There are several item types:

- Some questions on these tests require an answer in English even though the stimulus is always in Spanish.
- Many items ask students to answer by writing a check mark, letter, or number.
- Other items require answers of a word or a simple phrase or sentence in Spanish.
- Graphics (pictures, signs, and charts) are part of many test items. Students are asked to identify, arrange, or label the graphics.
- In addition to spoken stimuli, most items include written material on the worksheets. In some cases, several sentences must be carefully read before the student responds. Time must be allowed for the students to read through such items before playing the taped stimulus.
- Some of the more difficult items have sample responses so students can pattern their answers on these examples.
- A few of the intermediate level questions are repeated at the advanced level.

On the recordings, native speakers read aloud each test item stimulus twice. No pauses are provided on the tapes for students to answer. Instead, a beep is sounded after the second reading to remind teachers to pause the tape so that students can answer. The amount of time allowed for students to answer each item is to be determined by the teacher.

Points allotted for individual test-item answers appear in the margins of the student test sheets and give one point for every correct answer. You may wish to convert these points to grades and to use the margins to enter the students' scores.

Although basic working vocabulary with which students are familiar at both the intermediate and advanced levels has been taken into account, you might want to allow students access to a bilingual dictionary.

1. What does the Spanish person like? Answer in English.

   _____   (1)

2. What is the speaker's opinion of his vacation?

   _____   (1)

3. Where does the person live?

   _____

   Give **two** details:

   _____

   _____   (3)

4. Check the three categories mentioned.

   My ideal penpal is _____

   short   ☐   dark   ☐
   tall   ☐   likes swimming ☐
   blond   ☐   likes animals   ☐   (3)

5. Give **three** details about Juana's family.

Father's job	How many brothers and sisters	Type of pet

   (3)

6. Carlos compra unos zapatos. Marca una X en la casilla que corresponda.

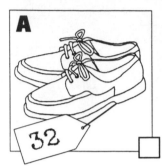  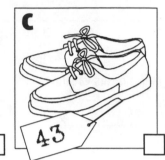 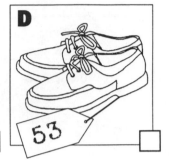

(1)

7. ¿Qué va a hacer Pablo para ayudar en casa? Marca una X en las casillas apropiadas.

(2)

8. Escoge **A**, **B**, **C** o **D** para completar la frase.

A La próxima semana   **C** Ayer
B Por la mañana   **D** Por la tarde

El autobús sale _____   (1)

9. a) Marca una X para indicar el regalo.

 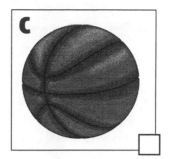 

(1)

b) Marca una X para indicar lo que contiene el bolso. (2 cosas)

(2)

10. Relaciona los números de teléfono con los dibujos que correspondan.

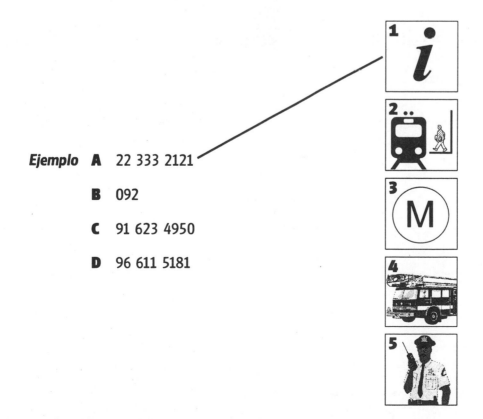

Ejemplo **A**   22 333 2121

B   092

C   91 623 4950

D   96 611 5181

11. ¿Como está la chica? Escribe **A, B, C** o **D** en la casilla.

      A Tiene gripe.   **C** Está cansada.

      B Le duele la cabeza. **D** Tiene frío.   (1)

12. Completa la frase.

    El chico tiene _____   (1)

13. Escribe la letra para indicar donde están los artículos.

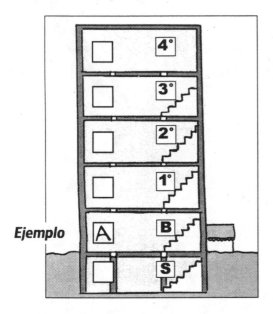

Ejemplo

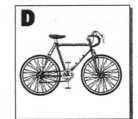

              (3)

14. ¿Cuáles son sus opiniones sobre un programa de televisión? Empareja la opinión con la persona.

  A | **Aburrido**   **D** | **Divertido**

  B | **Triste**   **E** | **Difícil**

  C | **Normal**   **F** | **Muy mal**

Ejemplo Carlos _A_

    1 María _____

    2 Ana   _____

    3 Javier _____   (3)

15. Relaciona las conversaciones **A, B** y **C** con los dibujos que correspondan y escribe la letra en la casilla.

(3)

1. How does Pepe feel? Answer in English.

   _____ (1)

2. What day does school end?

   _____ (1)

3. Where does Alberto come from?

   _____ (2)

4. Complete the table in English.

Mother's nationality	Cousin's country of residence	Name of dog

   (3)

5. What is your Spanish friend like? Check the correct answers.

   Tall   ☐

   Short   ☐

   Fat   ☐

   Blonde   ☐

   (2)

6. Escribe el precio del artículo.

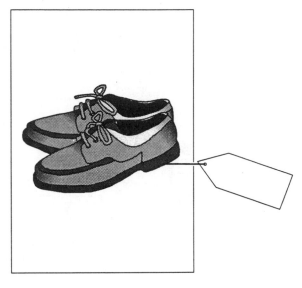

(2)

7. Escribe **verdadero** o **falso.**

    A Se venden frutas.   _____   (1)

    B Es un billete de tren.   _____   (1)

    C Aquí se venden artículos deportivos. _____   (1)

8. Álvaro habla de su pueblo, Soto. ¿Dónde está Soto? Marca una X al lado de la letra que corresponda.

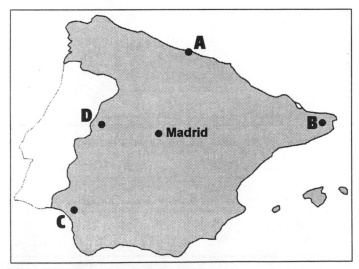

A	☐
B	☐
C	☐
D	☐

(1)

9. He aquí una familia. La madre de Óscar habla. Indica la persona presentada.

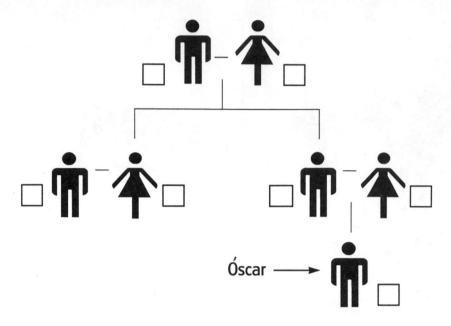

(2)

10. ¿En qué orden se prepara la comida? Escribe los números en orden en las casillas.

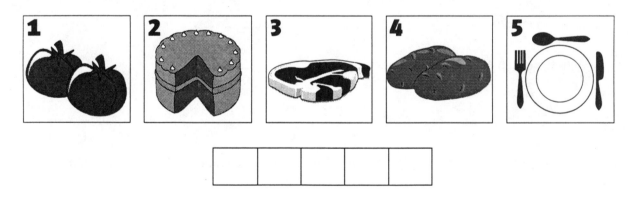

(5)

11. ¿Qué información hay sobre el tren?

Andén	
Hora de salida	
Destino	

(3)

12. Cambia los precios como en el ejemplo.

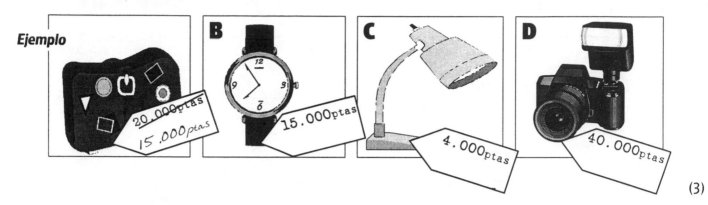

Ejemplo   **B**   **C**   **D**

(3)

13. Alicia organiza una fiesta de cumpleaños. Llama por teléfono a sus amigos.
    Indica los días que están libres.

		lunes	martes	miércoles	jueves	viernes	sábado	domingo
Ejemplo	Ángeles			✓			✓	
1	Juan							
2	Maribel							

(4)

1. What question are you asked? Answer in English.

    _____   (1)

2. What are you asked to do?

    _____   (1)

3. Complete the label on the doctor's prescription.

    > To be taken _____
    >
    > IMPORTANT: During the course of
    > treatment, you must
    >
    > _____
    >
    > _____   (2)

4. i) Can Enrique come to the meeting?

    _____   (1)

    ii) Why will he call back?

    _____   (2)

• •

5. ¿En qué dirección está el monasterio? Marca una X en la casilla que corresponda.

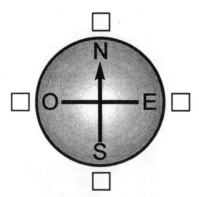

(1)

6. Elige **A**, **B**, **C** o **D** para completar la frase.

   A sol   **B** mal tiempo
   C lluvia   **D** buen tiempo

   Se anuncia _____   (1)

7. Escribe el apellido de Joaquín.

   Ejemplo Peter _____*BROWN*_____

   Joaquín _____   (1)

8. Escribe el precio de cada cosa.

Ejemplo
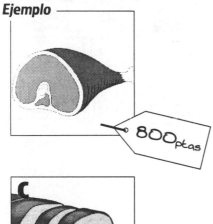

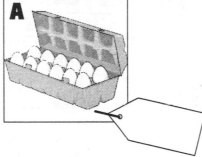

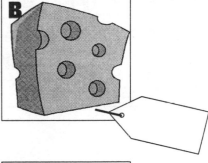

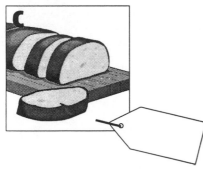

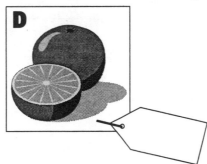

(5)

9. Completa la frase.

   Después del instituto prefiere...

   A comer ☐   **B** estudiar ☐

   C trabajar ☐   **D** hacer deporte ☐   (2)

10. Marca una X para señalar donde está la iglesia.

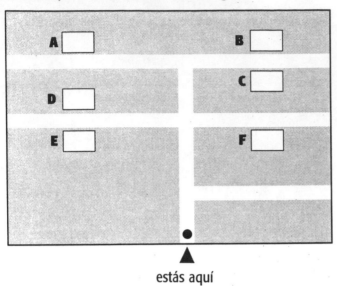

estás aquí

(1)

11. ¿En qué tiendas ocurren las conversaciones? Escribe los números en las casillas que correspondan.

	A	B	C	D
Ejemplo	2			

(3)

12. Indica donde está la cocina (**C**) y el salón (**S**).

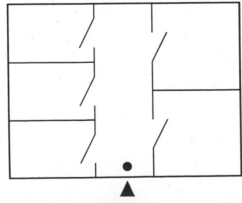

estás aquí

(2)

13. Marca una X al lado de la palabra correcta.

    A   Felipe está: triste   ☐

                          feliz   ☐

                          contento   ☐

                          frío   ☐

    B   María está: furiosa   ☐

                          triste   ☐

                          contenta   ☐

                          cansada   ☐   (2)

14. ¿Qué programa eligen?

Escribe el título: _____   (1)

15. Mira a los jóvenes en las fotos. Hablan unos jefes. ¿A quiénes van a elegir? Escribe el número correspondiente en cada casilla.

A Soy una persona flexible.

B Soy una persona seria y he sacado buenas notas en mis exámenes.

C Siempre llevo ropa formal.

D Siempre soy puntual.

E Nunca falto al trabajo.

F Me encantan la informática y la nueva tecnología.

                                                       (5)

1. What day is the meeting? Answer in English.

   _____ (1)

2. What does Miguel ask the store clerk?

   _____ (1)

3. What are you asked to do?

   _____ (1)

4. Complete the schedule details.

   (2)

● ●

5. Elige la descripción de la persona que habla. Escribe el número en la casilla.

A	Una persona tímida	
B	Una persona ocupada	
Ejemplo **C**	Una persona perezosa	1
D	Una persona nerviosa	
E	Una persona inteligente	
F	Una persona deportista	

(2)

6. ¿Qué pregunta va con qué respuesta? Escribe la letra en la casilla apropiada.

   ¿Cómo vas al instituto? ☐

   ¿Dónde comes al mediodía? ☐

   ¿A qué hora empiezan las clases? ☐

   ¿A qué hora sales de casa? ☐

   ¿Cuánto tiempo dura el recreo? ☐

   ¿A qué hora llegas al instituto? ☐

   ¿A qué hora vuelves a casa? ☐

   (4)

7.   Marca una X en la casilla del dibujo que corresponda.

(1)

8.   Escoge el sitio e indica la hora de la reunión.

(2)

9.   ¿De qué fotos habla? Marca una X al lado del dibujo que corresponda.

(2)

10. Anota los detalles del autocar.

Ejemplo

Hora de salida:

20.34

Andén:

9

Hora de salida:

....

Andén:

....

(2)

11. Escoge la respuesta de cada pregunta. Escribe la letra correspondiente en la casilla.

Ejemplo [A]

☐

☐

☐

Madrid

☐

☐

(3)

12. (i) Indica (✓) el restaurante recomendado.

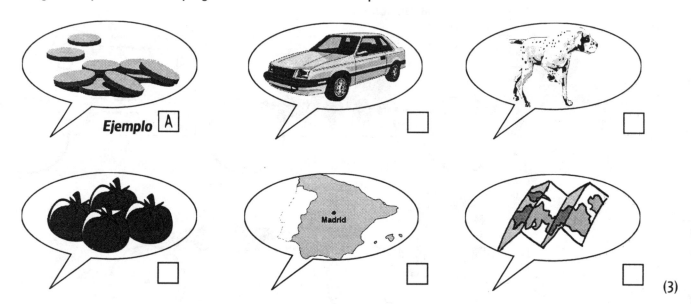

A	
B	
C	
D	

(ii) ¿Por qué está recomendado este restaurante? (Escribe **una** razón.)

(2)

13. Completa las frases.

   (i)   Al chico le duelen las manos/las piernas/los ojos _____ (1)

   (ii) El chico quiere ir a la cama/a estudiar/a comer _____ (1)

14. Corrige los errores.

Juana

sábado, a las 12

catedral

(3)

15. Corrige los errores:

Pepe y Paco
Restaurante Andaluz

2 x cóctel de gambas	500
revuelto de setas	200
2 x pisto manchego	600
sopa de legumbres	150
ensalada mixta grande	600
3 x filete de ternera	1.200
cordero asado	600
Ejemplo bacalao ~~merluza~~ a la plancha	700
albóndigas	500
3 x flan	450
tarta helada	200
helado	150
sorbete	200
5 x café	500
1 x con leche	125
brandy osborne	600
Total	7.275

(3)

1   Me gustan los bocadillos.

2   He pasado unas vacaciones estupendas.

3   Vivo en una casa. Tiene tres dormitorios; hay un jardín grande con piscina.

4   Mi corresponsal ideal es alto, moreno, y le gusta la natación.

5   Mi padre es profesor y mi madre es ama de casa; tengo dos hermanos y una hermana; también tengo un gato que se llama Negro.

6   Buenos días, ¿en qué puedo servirle?
Buenos días, quisiera esos zapatos negros, número 43, por favor.

7   Pues, yo lavo los platos, llevo el perro al parque y hago mi cama.

8   ¿A qué hora sale el autobús?
Pues, normalmente sale a las ocho, pero como hoy es fiesta saldrá más tarde, sobre las nueve de la mañana.

9 a) ¿Qué regalo has comprado?
He comprado una muñeca grande.
   b) ¿Qué contiene el bolso?
Tengo mis gafas de sol y mis tarjetas de crédito.

10 ¿Cuál es el número de la oficina de turismo?
Es el 22 333 21 21.
¿Y la Policía Municipal?
Marca el 092.
¿Y la estación de trenes?
91 623 49 50.
Finalmente, ¿me puede dar el número de los bomberos?
96 611 51 81.

11 He trabajado muchísimo esta tarde; voy a acostarme un rato antes de cenar.

12 Llevo todo el día sin beber.

13 Señores y señoras, no se pierdan las super ofertas en todas las secciones. En la sección de recuerdos en la planta baja, hasta un 50 por ciento de descuento. En la segunda planta, en la sección de electrodomésticos, hay hasta un 40 por ciento y en el sótano hay ofertas en fruta y verdura. Finalmente encontrará en la cuarta planta bicicletas a mitad de precio.

14 *Ejemplo* Pues a mí no me gustó, fue aburrido.
   1   Pues a mí me hizo llorar.
   2   ¡Vaya! Yo me reí desde el principio.
   3   No me gustó nada.

15 A   ¿Se puede aparcar aquí?
Sí señor.
¿Hay qué pagar?
No, es gratis. Ud. puede aparcar aquí una hora sin pagar. Es zona azul.

   B   Sus papeles por favor.
Aquí tiene Ud.
¿Sabe Ud. por qué le he parado?
¿Cómo?
Porque Ud. ha adelantado a otro vehículo, justo antes de la curva. ¿No vio Ud. la señal?

   C   Perdone, quisiera dejar mi maleta aquí hasta por la mañana. ¿Hay consigna?
Sí, hay consigna automática. ¿Tiene Ud. monedas de cien?

Tapescript

1   Hola, ¿qué tal?
    Muy bien, gracias.

2   Pues, las clases terminan el jueves.

3   Hola, me llamo Alberto. Soy de Sudámerica, vivo en Perú.

4   Mi familia es interesante. Mi padre es alemán y mi madre es francesa y tengo una prima que vive en Bélgica y mi perro se llama Indio.

5   Me llamo Margarita, soy alta y rubia.

6   Pues, la chaqueta vale 10.000 pesetas y los zapatos cuestan 6.500 pesetas.

7   a)   ¿Qué prefieres: manzana, albaricoque o melocotón?
    b)   ¿Cuántas entradas quiere para ver la película?
    c)   ¿Cuánto vale esa raqueta?

8   Hola, me llamo Álvaro y soy de Soto. Soto es un pueblo en el noreste de España cerca de Barcelona.

9   Hola, te presento a mi madre, la abuela de Óscar.

10   Primero preparo la carne. Luego corto los tomates para la ensalada. Después pelo las patatas antes de poner la mesa. Finalmente preparo los postres.

11   El tren con destino a Zaragoza sale del andén número 5 a las 18.20 horas.

12   Última semana de nuestras rebajas. Hay unas super ofertas. Maletas de piel a sólo 15.000 pesetas. Relojes suizos a 10.000 pesetas. En la sección de cristalería hay lámparas monísimas a sólo 3.500 pesetas, y para el fotógrafo de la familia un Minolat ZX a 30.000 pesetas. ¡Es una verdadera ganga!

13   ¿Dígame?
    Hola, soy Alicia. ¿Puedes venir a mi fiesta el sábado?
    Sí claro, también estoy libre el miércoles.

    ¿Diga?
    Hola, Juan, soy Alicia. ¿Estás libre para mi fiesta el sábado?
    Lo siento, trabajo este fin de semana, pero puedo ir el viernes o el jueves.

    Hola, ¿diga?
    Hola, Maribel. Soy Alicia. ¿Qué tal?
    Muy bien, ¿y tú?
    Muy bien. Mira, ¿estás libre para mi fiesta este sábado?
    Lo siento, no. Pero puedo ir el lunes o el martes.

Published by NTC/Contemporary Publishing Group, Inc.

1   ¿En qué trabaja tu padre?

2   ¿Cómo se escribe tu nombre?

3   Bueno, toma este jarabe tres veces al día ¿comprende? Tres veces al día. Y no se olvide de comer pan.

4   Hola, soy Enrique. Esto es un recado para María. No puedo ir a la reunión, lo siento. Llamaré para arreglar una visita al museo.

5   El monasterio está a diez minutos andando, en la parte sur del pueblo.

6   El pronóstico para hoy . . . Habrá nieve y hará mucho frío.

7   Me llamo Joaquín Pacheco. Pacheco se escribe P-A-C-H-E-C-O.

8   *Ejemplo* Sí, señora. El jamón vale 800 pesetas el kilo.
   a)   Los huevos cuestan 180 pesetas la docena.
   b)   ¿Cómo? El queso a 2.000 pesetas el kilo. Es muy caro.
   c)   Aquí tiene Ud. dos barras de pan a 35 pesetas cada una, son 70 pesetas.
   d)   Las naranjas son baratas este año, sólo 50 pesetas el kilo.
   e)   Estos tomates están muy maduros. ¡Eh!
        Sí, pero baratos, a 45 pesetas el kilo.

9   ¿Después del insti? Pues, por cierto, no hago mis deberes, suelo practicar baloncesto con mis amigos en la plaza.

10   ¿Hay una iglesia por aquí?
      Sí, siga todo recto hasta el final de la calle, tuerza a la izquierda, y está a la derecha.

11 A   *Ejemplo* Un kilo de carne picada, por favor.
        Sí, señora. ¿Algo más?
        No, gracias.
  B   Dos barras de pan integral, por favor.
        Son 70 pesetas.
  C   Me hace falta un diccionario.
        Sí, señor. ¿Cuánto quiere gastar?
  D   ¿Cuánto vale este pantalón?
        8.000 pesetas, señor.

12   Bueno, la cocina está a la izquierda, entre el cuarto de baño y el garaje; y el salón está al fondo, a la derecha.

13 A   ¡Ay! ¡Qué pena! ¿Qué voy a hacer? ¡Me han robado el coche!
  B   ¡He ganado la lotería! ¡Qué suerte!

14   ¡Oye! ¿Qué hay en la tele esta noche?
      No sé. A ver . . . pues en la dos hay una película de terror. ¿Te interesa?
      No gracias.
      En la primera hay una policiaca, y en Antena Tres las noticias; mientras en Telemadrid, dibujos animados.
      ¿Cuál prefieres tú?
      Yo, los dibujos animados.
      Vale.

15 1   Yo necesito una persona que esté al día en el tema de ordenadores.
  2   Pues a mí me gustaría un joven académico.
  3   Busco una persona limpia que se vista bien.
  4   No me gustan esas personas que siempre llegan con retraso.
  5   Quiero un joven que pueda aceptar un horario que cambia todos los días.
  6   Es importante en mi trabajo que siempre haya una persona para contestar al teléfono.

1   Nos reunimos el sábado, ¿no?
Vale.

2   ¿Hay café, por favor?

3   Repite, por favor.

4   Antes del recreo tengo clases de inglés. Después tengo dos clases de francés y luego una clase de tecnología.

5 **1** Hola, me llamo Teresa. Nunca hago mis deberes.
     2 Hola, me llamo Sebastián. Me encantan el alpinismo y el fúting.
     3 Hola, me llamo Elena. Tengo muchos amigos y salgo mucho.

6 **A** Normalmente como en casa.
     B Las clases comienzan a las nueve menos diez.
     C Los lunes voy en coche; los otros días voy a pie.
     D Suelo llegar a casa a las ocho.

7   Soy de talla normal, ni alto ni bajo.

8   ¿Dónde nos vemos?
Si quieres, nos vemos delante del cine a las siete y media.

9   ¡Lo pasamos bomba! Visitamos muchos sitios de interés: la catedral, el museo y el puerto.

10   ¿Hay un autocar para Valencia esta tarde?
Sí señor, sale a las 19.00 horas.
¿De qué andén sale?
Del andén 4.

11 *Ejemplo* **A** ¿Tiene monedas de 25 para el teléfono?
             Por supuesto.
     B ¿Le quedan tomates?
        No hay.
     C ¿Tiene un plano de Málaga, por favor?
        Lo siento, pero no quedan.
     D Perdone, ¿habla Ud. español?
        Sí, soy de Madrid.

12   ¿Hay restaurante en este hotel?
Lo siento, no hay, pero hay uno bastante cerca. Al salir del hotel, tuerza a la izquierda. Siga hasta el semáforo, gire a la izquierda y justamente después, pasada la cabina telefónica, hay una calle a la derecha. Entre allí y verá al final un restaurante. No es lo más cercano, pero es bueno y barato.

13   Ayer jugué un partido de rugby. Lo que pasa es que no puedo andar. Ni siquiera a la cocina y ¡tengo hambre!

14   Oye, Paco, soy Luisa. No puedo verte el sábado al mediodía. Si quieres, podemos vernos más tarde, digamos sobre las ocho en el bar de la estación, ¿vale?

15   ¡Oiga camarero! La cuenta, por favor.
En seguida, señor.

Aquí tiene Ud.
Gracias.

¡Ay! Hay algunos errores aquí.
¿Dónde, señor?
Pues, primero no pedimos cócteles de gambas sino langostinos. Después no tomamos una sopa y había tres pistos manchegos.
¿Algo más?
¡Sí! ¡Hay que ver! Ud. ha escrito merluza aquí y mi mujer ha comido bacalao. Y para colmo, aún no nos ha traído los cafés y Ud. nos ha dado licores de manzana en vez de coñac.

4

Listening Tests - Intermediate

Answers

Test A

1. Sandwiches
2. Great
3. in a house; three bedrooms/garden/swimming pool
4. Tall/dark/likes swimming
5. Teacher/three/cat
6. C (Size 43)
7. C; D; F
8. Por la mañana (B)
9. a) B; b) A, B
10. B) 5; C) 2; D) 4
11. C
12. sed
13. B) 2°; C) S; D) 4°
14. 1) B; 2) D; 3) F
15. 1) C; 5) A; 6) B

Test B

1. Very well/fine
2. Thursday
3. Peru, in South America
4. French, Belgium, Indio
5. Tall, blonde
6. jacket: 10.000 ptas.; shoes: 6.500 ptas.
7. A) V; B) F; C) V
8. B
9. Óscar's grandmother: upper right, female figure
10. 3, 1, 4, 5, 2
11. Andén: 5; Hora de salida: 18.20; Destino: Zaragoza
12. B) 10.000; C) 3.500; D) 30.000
13. Juan: jueves, viernes; Maribel: lunes, martes

Test C

1. What my father does for a living
2. Spell my name
3. Three times a day/eat bread
4. i) No; ii) To arrange a visit to the museum
5. S
6. B
7. PACHECO
8. A) 180 ptas.; B) 2.000 ptas.; C) 35 ptas.; D) 50 ptas.; E) 45 ptas.
9. D
10. A
11. B) 3; C) 4; D) 6
12. C) middle left; S) top right
13. A) triste; B) contenta
14. Tom y Jerry
15. A) 5; B) 2; C) 3; D) 4: E) 6; F) 1

Test D

1. Saturday
2. Is there any coffee?
3. To repeat (please)
4. English, break, French, and then Technology
5. 2) F; 3) B
6. A) ¿Dónde comes al mediodía?; B) ¿A qué hora empiezan las clases?; C) ¿Cómo vas al instituto?; D) ¿A qué hora vuelves a casa?
7. Third person from the left
8. First drawing (movies); at 7:30
9. 3, 5
10. 19.00; andén 4
11. B) tomatoes; C) map of city; D) Madrid
12. i) A; ii) (Es) bueno./(Es) barato.
13. i) las piernas; ii) comer
14. Luisa; ocho; en el bar (de la estación)
15. Cross out **cócteles de gambas** and replace with **langostinos;** cross out **sopa de legumbres;** replace **2 x pisto manchego** with **3 x;** cross out all the **cafés;** replace **brandy Osborne** with **licores de manzana.**

1. Escribe la letra para indicar donde están los artículos.

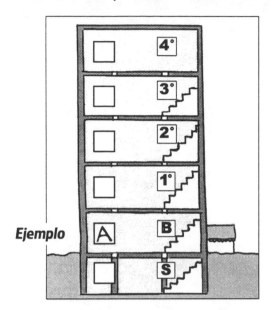

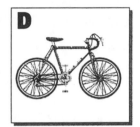

(3)

2. ¿Cuáles son sus opiniones sobre un programa de televisión? Empareja la opinión con la persona.

A | **Aburrido**

B | **Triste**

C | **Normal**

D | **Divertido**

E | **Difícil**

F | **Muy mal**

Ejemplo Carlos ___A___

1 María _____

2 Ana _____

3 Javier _____

(3)

3. Relaciona las conversaciones **A**, **B** y **C** con los dibujos que correspondan y escribe la letra en la casilla.

1
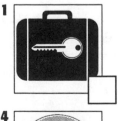

2

3

4

5

(3)

Nombre _____

4. Pon una X en la casilla que corresponda.

¿Por qué llega tarde la estudiante?

i) perdió el tren ☐

ii) estaba trabajando ☐

iii) tuvo problemas con su coche ☐

iv) no había autobús ☐

¿Qué decide hacer la familia?

i) visitar la playa ☐

ii) ir a Madrid ☐

iii) comer en un restaurante ☐

iv) ir al teatro ☐

¿Qué compra el señor?

i) zapatos ☐

ii) comida ☐

iii) ropa ☐

iv) fruta ☐

(3)

5. Pon una X en las tres casillas que correspondan a la conversación.

María quiere salir al cine. ☐

María está cansada. ☐

Roberto quiere salir. ☐

María trabaja en una tienda. ☐

Roberto la invita al cine. ☐

(3)

6. Manolo habla sobre las diferencias entre la rutina diaria en España y en Inglaterra. Rellena los detalles.

	En España	**En Inglaterra**
Rutina por la mañana	i) _oficina a las nueve_ ii) _____	i) _____ ii) _____
Rutina por la noche	i) _tele_ ii) _____	i) _Prepararse para la cama_ ii) _____

7. Escucha cada anuncio y completa la frase.

(a) Es un anuncio para _____

(b) **Super Montero** es un tipo de _____

(c) **Termohogar** es _____

(d) **Cronomar** es un tipo de _____ (4)

8. ¿Sí o no? Escucha lo que dicen y marca una X en las casillas correspondientes.

	Sí	No
A. La primera persona dice que:		
. . . no bebe alcohol.	☐	☐
. . . toma con sus amigas.	☐	☐
B. La segunda persona dice que:		
. . . no le gusta el alcohol.	☐	☐
. . . su hermano es abstemio.	☐	☐
C. La tercera persona dice que:		
. . . permiten alcohol en casa.	☐	☐
. . . a veces le gusta tomar una copa.	☐	☐

(3)

9. ¿Les ha gustado la película? ¿Sí o no? Escribe **una** razón POR QUÉ.

	Sí / No	¿Por qué?
José		
María		
Miguel		
Cristina		

(6)

10. Answer in English.
What is the woman's problem?

_____

(3)

What does she decide to do?

_____

 (1)

Nombre _____

1. ¿Qué información hay sobre el tren?

Andén	
Hora de salida	
Destino	

(3)

2. Cambia los precios como en el ejemplo.

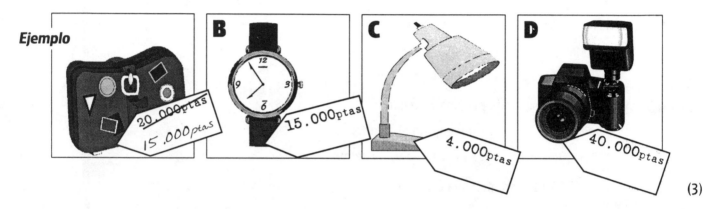

Ejemplo — 20.000ptas / 15.000ptas

B — 15.000ptas

C — 4.000ptas

D — 40.000ptas

(3)

3. Alicia organiza una fiesta de cumpleaños. Llama por teléfono a sus amigos.
   Indica los días que están libres.

		lunes	martes	miércoles	jueves	viernes	sábado	domingo
Ejemplo	Ángeles			✓			✓	
1	Juan							
2	Maribel							

(4)

4. Elige y copia una descripción de cada persona que habla.

simpático **impaciente**

fanático **pobre**

triste **rico**

A _____

B _____

C _____

(3)

5. Escribe el número apropiado debajo del dibujo correspondiente.

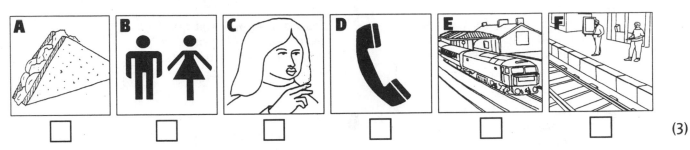

☐   ☐   ☐   ☐   ☐   ☐   (3)

6. En cada caso, ¿qué ha causado problemas en Madrid?

	¿Dónde?	Causa
A	M30	
B		
C	NI	
D		manifestación

(5)

7. Jesús y María hablan de sus vacaciones. Rellena la lista en español.

		Jesús	María
A	Alojamiento		
B	Cada día		
C	Nunca		
D	Visito		

(6)

8. Escucha y marca con una X las tres opiniones que correspondan.

A Para estar en forma hay que entrenar por lo menos tres veces a la semana. ☐

B Creo que el material que utilizan es muy importante para practicar un deporte. ☐

C Se puede ganar mucho, más si eres miembro de un club. ☐

D Lo importante es tener una buena actitud mental. ☐

E Ganar no es todo, también se puede disfrutar del deporte. ☐

F Hay que ser muy competitivo en lo que haces. ☐

(3)

9. Answer in English:
   Listen to the phone conversation at the reception desk at Hotel Puente Frío.

   A Why will the caller arrive late?

   _____

   (1)

   B What two things does the receptionist say in reply?

   _____

   (2)

   _____

10. a) What is the man looking for?

   _____

   (1)

   b) Where is he going and what places does he hope to visit there?

   _____

   (3)

1. Indica donde está la cocina (**C**) y el salón (**S**).

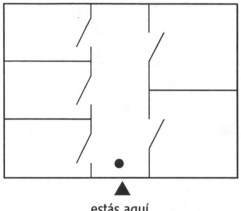

estás aquí

(2)

2. Marca una X al lado de la palabra correcta.

A Felipe está: triste ☐
                    feliz ☐
                    contento ☐
                    frío ☐

B María está: furiosa ☐
                    triste ☐
                    contenta ☐
                    cansada ☐

(2)

3. ¿Qué programa eligen?

Escribe el título: _____

(1)

4. Mira a los jóvenes en las fotos. Hablan unos jefes. ¿A quiénes van a elegir? Escribe el número correspondiente en cada casilla.

A Soy una persona flexible.

B Soy una persona seria y he sacado buenas notas en mis exámenes.

C Siempre llevo ropa formal.

D Siempre soy puntual.

E Nunca falto al trabajo.

F Me encantan la informática y la nueva tecnología.

(5)

5. Escucha el programa de radio y subraya la frase correcta.

   Ejemplo Hace buen tiempo <u>en la costa</u> / las montañas / el centro.

   A En verano en España muchas personas visitan   las ciudades / la costa / la sierra.
   B Es importante   ponerse crema / llevar gafas de sol / llevar un abrigo.
   C En invierno   hay mucha lluvia / se puede esquiar / hace viento.

   (3)

6. Escucha las conversaciones entre los pacientes y el médico y rellena el cuadro.

	Paco	Lucía
Los síntomas		
Consejos del médico		
¿Tiene que volver? ¿Sí o no?		

(6)

7. Indica (√) la opinión de cada persona como en el ejemplo.

La corrupción de la vida política por los partidos parlamentarios. ¿Cuál es su opinión?

Ejemplo

	1	2	3	4
Me parece algo muy grave.	✓			
Es un problema del gobierno.				
No me interesa nada la política.				
Es algo que pasa mucho hoy en día.				

(3)

8. Escucha las descripciones de las vacaciones y escribe el número correspondiente en la casilla.

A
• Vacaciones de montaña
• 2 semanas en Aragón
• alojamiento en refugios
• mínimo de cinco montañas

B
• Vacaciones en la playa
• 1 semana en la Costa Blanca
• visitas a Barcelona y costa
• media pensión

C
• Vacaciones de relax
• piscina abierta
• Restaurante de alta calidad
• ambiente tranquilo en la costa mediterránea

(2)

Nombre _____

9. Indica donde la señorita hace las siguientes actividades.

Casa de campo								
Piso en Madrid								

(6)

10. Answer in English:
   a) What was the problem in Madrid?

   _____

   b) Who has been arrested?

   _____

   c) Where?

   _____

(3)

11. Listen to the radio program from Zaragoza.

   a) What three problems are mentioned?

   _____

   b) What is the number you should call for information?

   _____

   c) Where are the demonstrations taking place?

   _____

(5)

1. Completa las frases.

    (i)   Al chico le duelen _____   **(1)**

    (ii) El chico quiere _____   **(1)**

2. Corrige los errores.

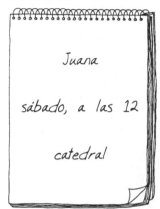

    Juana

    sábado, a las 12

    catedral

                                                                        (3)

3. Corrige los errores:

    # Pepe y Paco
    ## Restaurante Andaluz

2 x cóctel de gambas	500
revuelto de setas	200
2 x pisto manchego	600
sopa de legumbres	150
ensalada mixta grande	600
3 x filete de ternera	1.200
cordero asado	600
~~merluza~~ a la plancha	700
albóndigas	500
3 x flan	450
tarta helada	200
helado	150
sorbete	200
5 x café	500
1 x con leche	125
brandy osborne	600
Total	7.275

    Ejemplo
    bacalao

                                                                        (3)

4. ¿Dónde trabajan? Marca una X en las casillas que correspondan.

	Discoteca	Piscina	Plaza de Toros	Bar El cajón	Ayuntamiento	Estación del tren	Boutique Moda	Camping Buenavista
Roberto								
Javier								
Elena								
Gloria								

(4)

5. Indica en la casillas

     a) lo que se puede ver (√).
     b) lo que no se puede ver (X).

Ejemplo

La Sagrada Familia	✓
El Estadio	
Las Ramblas	
Ciudad Olímpica	
Parque de Atracciones	

(4)

6. Escucha la conversación. Escribe unas notas en español.

	Begoña	**Luis**
¿Cuántas horas trabaja?	Depende 8 - 10 horas	
¿Cuánto dinero gana?		
¿Le gusta el trabajo?		No

(4)

7. Escucha el anuncio. Termina las frases.

   a) Se puede tomar GANAFLACA .... veces al día.

   b) GANAFLACA es un tipo de   i) coche ☐

                                     ii) régimen ☐

                                     iii) autobús ☐

                                     iv) cereal ☐

   c) Con GANAFLACA puedes ser más ....   (3)

8. Pon los dibujos en orden. Escribe las letras correspondientes debajo de los números.

1	2	3	4	5	6	7	8

(7)

9. A Spanish friend has been reading a magazine. Write details about it in English.

Type of magazine	
Where is it from?	
The main articles	
What is her opinion?	
Why does she read it?	

(6)

1   Señores y señoras, no se pierdan las super ofertas en todas las secciones. En la sección de recuerdos en la planta baja, hasta un 50 por ciento de descuento. En la segunda planta, en la sección de electrodomésticos, hay hasta un 40 por ciento y en el sótano hay ofertas en fruta y verdura. Finalmente encontrará en la cuarta planta bicicletas a mitad de precio.

2 *Ejemplo*
         Pues a mí no me gustó, fue aburrido.
  1   Pues a mí me hizo llorar.
  2   ¡Vaya! Yo me reí desde el principio.
  3   No me gustó nada.

3 **A**   ¿Se puede aparcar aquí?
         Sí señor.
         ¿Hay qué pagar?
         No, es gratis. Ud. puede aparcar aquí una hora sin pagar. Es zona azul.

   B   Sus papeles por favor.
         Aquí tiene Ud.
         ¿Sabe Ud. por qué le he parado?
         ¿Cómo?
         Porque Ud. ha adelantado a otro vehículo, justo antes de la curva. ¿No vio Ud. la señal?

   C   Perdone, quisiera dejar mi maleta aquí hasta por la mañana. ¿Hay consigna?
         Sí, hay consigna automática. ¿Tiene Ud. monedas de cien?

4   ¡Ay! Disculpe, señor! Siento llegar tarde pero es que primero se rompió el parabrisas, ¡y no vea como llueve cuando no tiene parabrisas!

         Pues, tres de nosotros quieren ir a la playa, una quiere ir a ver una comedia al teatro, una ni siquiera sabe lo que quiere hacer. Entonces como yo quiero nadar en el mar, vamos a la primera entonces.

         Mira, cariño, me gusta esta chaqueta.
         No seas tonto. Azul y verde muerde.
         Pues, compraré un pantalón verde también en vez de llevar los vaqueros azules.

5   Hola, María. ¿Qué tal?
         ¿Qué hay, Roberto? Estoy bien.
         ¿Quieres salir esta noche?
         Me gustaría, pero estoy supercansada.
         ¿Y eso?
         Es que he tenido que trabajar horas extras en la tienda. Como hay rebajas la gente se ha vuelto loca . . .
         ¿Por qué no nos vemos mañana, entonces?
         Te llamaré ¡¡Ay, qué pesado es!!

6   Pues aquí en España llego a la oficina sobre las nueve y luego, cuando he arreglado lo que voy a hacer durante el día, voy al bar al lado y desayuno, mientras que en Inglaterra los ingleses suelen desayunar en casa y llegan al trabajo a las 8.30.
         Por la noche cuando llego a casa sobre las 8.30, suelo ver la tele hasta que la cena esté lista sobre las 10.00; los ingleses sin embargo, ya han comido desde hace cuatro horas y se están preparando para la cama.

7 a)   Ahorre con nosotros y recibirá una cuenta corriente con libreta de ahorro para que vea el dinero creciendo con nuestra oferta de altos intereses.
   b)   No es el típico 4X4. Nuestros ingenieros han hecho algunos cálculos más....robustez mecánica, transmisión super selecta, diseño elegante y dinámico, motor fiable. Un todo terreno para la familia. ¡Bienvenidos al Super Montero!
   c)   ¿Tiene frío? Yo no. Yo tengo la última novedad en la revolución del calor—TERMOHOGAR.
   d)   CRONOMAR—Serie 8000 quartz. Impermeable hasta 200 metros. Brazalete de acero con cierre de seguridad. Siempre llegarás a tiempo.

8   Los sábados suelo salir con mis amigas a la disco Roxy y todas tomamos un par de copas.

Mi hermano es gran cervecero pero a mí no me gusta el sabor del alcohol en absoluto. Suelo divertirme con un zumo de piña o un cordial, aun en comidas formales en casa con la familia yo soy el único abstemio.

Las únicas botellas que hay en mi casa son de leche o de aceite; mis padres no permiten ningún tipo de alcohol. Sin embargo a mí me gusta una copa de vez en cuando.

9   Pues a mí me gusta mucho, me encantan las películas con Madonna. Su voz penetra todo. También no te aburres—hay tanta actividad.
En absoluto . . . tras veinte minutos me quedé desilusionada; no me di cuenta que Eva Perón fue una persona tan repugnante.
Me hubiera gustado conocerle; los parecidos entre Madonna y Perón son increíbles. ¡Hasta se parecen!
Yo la encontré triste, pero a la vez excitante, muy conmovedora. Tengo que volver a verla de nuevo.

10   Lo siento, señora. No quedan plazas en este vuelo.
Pero es urgente. Tengo que visitar a mi hermana en el hospital en Madrid.
Pues Ud. tiene dos opciones—o puede tomar el TALGO, que tardará seis horas en llegar, o puede tomar un asiento en el próximo vuelo dentro de una hora y llegará a Madrid antes.
¿Cuánto le debo por el billete de avión, entonces?

1   El tren con destino a Zaragoza sale del andén número 5 a las 18.20 horas.

2   Última semana de nuestras rebajas. Hay unas super ofertas. Maletas de piel a sólo 15.000 pesetas. Relojes suizos a 10.000 pesetas. En la sección de cristalería hay lámparas monísimas a sólo 3.500 pesetas, y para el fotógrafo de la familia un Minolat ZX a 30.000 pesetas. ¡Es una verdadera ganga!

3   ¿Dígame?
Hola, soy Alicia. ¿Puedes venir a mi fiesta el sábado?
Sí claro, también estoy libre el miércoles.

    ¿Diga?
Hola, Juan, soy Alicia. ¿Estás libre para mi fiesta el sábado?
Lo siento, trabajo este fin de semana, pero puedo ir el viernes o el jueves.

    Hola, ¿diga?
Hola, Maribel. Soy Alicia. ¿Qué tal?
Muy bien, ¿y tú?
Muy bien. Mira, ¿estás libre para mi fiesta este sábado?
Lo siento, no. Pero puedo ir el lunes o el martes.

4 **A** Estoy loca por los Chupa Chups; tomo uno en el desayuno, luego otro en el viaje al instituto, otro durante el recreo; en fin, siempre tengo la boca llena. Lo único que me importa es mi Chupa Chups.

    B Yo no tengo por qué trabajar. Vivo mi vida a tope. No me falta nada. Está todo pagado.

    C ¡Quítate de en medio! ¡Jo! ¡Estos ingleses conducen como caracoles! ¡Venga ya! ¡Hombre, no tienes adonde ir!

5 **1** Pues me ofrecieron el puesto y salí corriendo de sus oficinas. Llegué a la estación, subí al tren que era cuando me di cuenta de que no había comido nada durante todo el día. Compré algo y me cobraron 1.000 pesetas— ¡1.000 pesetas por dos bocatas!

    2 Y nos dijeron que sólo tardarían 5 minutos porque había obras en la vía. Dos horas más tarde nos empezamos a mover. . .

    3 Hice la reserva, pero cuando llegué estaba a tope así que tuve que andar a lo largo del andén para encontrar un asiento.

6   Buenas tardes señoras y señores, aquí tienen Uds. las últimas noticias sobre el estado de las carreteras en la autonomía:
En la M30 hay colas de hasta 4 kilómetros detrás de un camión que ha volcado, bloqueando la autopista en ambos sentidos. En la Gran Vía de la capital, ni se puede mover, según fuentes de la Policía Municipal, a causa de una avería de semáforos. La Dirección de Tráfico nos señala la importancia de evitar la N1 a causa de obras en la red de suministro de Gas, y finalmente, no se olviden que nuestra población estudiantil se está manifestando en la Plaza de Castilla. Por último, yo les recomiendo quédense en casa, relájense y disfruten de nuestra música.

7   ¿Y tú Jesús? ¿Adónde fuiste?
Fui a Cantabria y pasé dos semanas en una tienda en la playa. ¡Qué maravilla! Pasé todos los días bronceándome, menos un día que hice una excursión a las cuevas de Altamira que fueron fantásticas. ¿Y tú?
Me aburrí en casa de mi abuela en Málaga. Como es tan vieja tuve que hacerlo todo, ni siquiera tuve tiempo para salir.

8   Si veo alguien por delante en mi coche, piso a fondo, tengo que estar en el podio, no acepto el número 2.

    Yo lo hago por propio interés; muchas veces salgo sólo con la única intención de estar solo y aprovechar de lo bueno que ofrece este mundo a un náutico.

    Me gusta mucho practicar deporte para estar en forma y tener buena salud.

9   ¡Oiga! Soy el Sr. García.
Sí dígame, señor.
Mire. Tengo una reserva para esta noche y lo que pasa es que voy a llegar tarde a causa de la niebla en la carretera.
No se preocupe señor; estaré aquí toda la noche.

10   Hola, estoy buscando un compañero para acompañarme en un viaje a América del Sur, donde espero visitar Patagonia y las zonas montañosas de la zona. Además, si hay tiempo, me gustaría visitar las Islas Galápagos.

Tapescript

1   Bueno, la cocina está a la izquierda, entre el cuarto de baño y el garaje; y el salón está al fondo, a la derecha.

2 **A**   ¡Ay! ¡Qué pena! ¿Qué voy a hacer? ¡Me han robado el coche!

     B   ¡He ganado la lotería! ¡Qué suerte!

3   ¡Oye! ¿Qué hay en la tele esta noche?
No sé. A ver . . . pues en la dos hay una película de terror. ¿Te interesa?
No gracias.
En la primera hay una policiaca, y en Antena Tres las noticias; mientras en Telemadrid, dibujos animados. ¿Cuál prefieres tú?
Yo, los dibujos animados.
Vale.

4 **1**   Yo necesito una persona que esté al día en el tema de ordenadores.

     2   Pues a mí me gustaría un joven académico.

     3   Busco una persona limpia que se vista bien.

     4   No me gustan esas personas que siempre llegan con retraso.

     5   Quiero un joven que pueda aceptar un horario que cambia todos los días.

     6   Es importante en mi trabajo que siempre haya una persona para contestar al teléfono.

5   Antes, solía haber, digamos, como una peregrinación, aprovechando del buen clima, hacia las costas. Ahora sí, la gente sigue visitando las costas, pero muchísimos van a la montaña y cada año más. De lo que esta gente no se da cuenta es que los rayos de sol son muy fuertes y hay que protegerse los ojos.
Y supongo, igual en el invierno al esquiar, ¿no?
Exactamente.

6   Pues, hace tres días me caí sobre el hielo y desde entonces no he podido mover el brazo derecho y tengo un dolor continuo en la espalda.
A ver . . . ah, sí . . . ya veo. Pues le recomiendo a Ud. descanso completo—nada de trabajo. Verá cómo se sentirá mejor. Pida una cita para la semana que viene.
Muchas gracias.

    Ay, doctor, me duele la garganta, ni puedo comer.
Vamos a ver. Ah, sí. ¡Eso sí que duele! Tome este jarabe y siga las instrucciones. Dentro de 36 horas se sentirá mejor.

7 *Ejemplo* i) ¡Hay que ver! Con todo lo que he pagado en impuestos y lo malgastan en intrigas, y sus propios intereses. ¡No hay derecho!

     ii)   Hombre, ¡son seres humanos! ¿no? Si Ud. tuviera la oportunidad, ¿no haría lo mismo?

     iii) ¿Yo, colega? Yo paso de todo. . .

     iv) ¡Pues, que lo arreglen ellos mismos! Por eso les pagamos, ¿no? ¿Qué tiene que ver conmigo?

8 **1**   Mi marido y yo vamos siempre al mismo sitio. Los dos tenemos trabajos con un alto nivel de estrés y, claro, con los niños hay que estar en un sitio donde ellos puedan nadar con seguridad mientras nosotros aprovechamos la buena cocina del Mediterráneo—un sitio donde no hay prisas.

     2   Nosotros siempre vamos al norte. No hacemos reserva ni nada. Como no nos interesan parques acuáticos, broncearnos, ni nada por el estilo, vamos allí. Siempre tenemos donde dormir y, encima, es gratis. Procuramos siempre montar lo más alto posible. Las vistas son maravillosas.

9   Cuando estoy trabajando no me queda mucho tiempo libre, así que no me queda más remedio que aprovechar las instalaciones recreativas provistas por el Ayuntamiento de Madrid, mientras que cuando estoy en el campo, hay mucha más libertad. El tráfico de la ciudad no me deja ir al trabajo en bici, mientras que en mi otra casa puedo llevar de paseo al perro y la bici a la vez. En mi piso tengo un lavavajillas que me ahorra tiempo, tiempo que no necesito en el campo. Son como mundos opuestos. En Madrid sólo puedo nadar, bailar y prepararme para mis exámenes.

10   A causa de la bomba que explotó ayer en Madrid, han sido detenidos dos hombres en sus domicilios.

11   . . . siguen los problemas de verano aquí en Zaragoza: el calor, el tráfico y la falta de agua—para éste último deberían llamar al 392 10 72 para más información . . . y encima hay una manifestación estudiantil en el Instituto Antonio Machado en contra de los cortes en el presupuesto educativo. ¿Qué quieren, Coca Cola en el desayuno? . . .

1   Ayer jugué un partido de rugby. Lo que pasa es que no puedo andar. Ni siquiera a la cocina ¡y tengo hambre!

2   Oye, Paco, soy Luisa. No puedo verte el sábado al mediodía. Si quieres, podemos vernos más tarde, digamos sobre las ocho en el bar de la estación. ¿Vale?

3   ¡Oiga camarero! La cuenta por favor.
En seguida señor.

Aquí tiene Ud.
Gracias.

¡Ay! Hay algunos errores aquí.
¿Dónde, señor?
Pues, primero no pedimos cócteles de gambas sino langostinos. Después no tomamos una sopa y había tres pistos manchegos.
¿Algo más?
¡Sí! ¡Hay que ver! Ud. ha escrito merluza aquí y mi mujer ha comido bacalao. Y para colmo, aún no nos ha traído los cafés y Ud. nos ha dado licores de manzana en vez de coñac.

4   Como a mí me gusta trabajar con gente, los sábados durante el día vendo la ropa que tienen que llevar por la noche cuando van a bailar.

Llevo todo el día sentado. La gente viene, se va . . . viene uno que ha perdido su billete, otro que ha perdido su maleta. Paso todo el día arreglando los problemas de los viajeros desde mi sillón.

Yo también paso el día arreglando problemas. Si hay cualquier problema me llaman a mí, como si fuera culpa mía que no haya luz en la calle, no tienen agua, los vecinos tienen la tele puesta a cien. ¿Qué quieren por 10.000 pesetas de impuestos municipales?

Sólo trabajo en el verano cuando vienen los ingleses en el ferry. Por lo general son muy simpáticos, pero si no les gusta la parcela o si la tienda está sucia. . . .

5   Hombre! ¿Te vas a Barcelona entonces? Pues hay muchos sitios que ver. La Sagrada Familia está abierta todos los días al igual que la Ciudad Olímpica. No olvides que tienes que dar un paseíto por las Ramblas, que corta por el centro de la ciudad. El estadio está con obras en la actualidad, pero puedes ir al parque; siempre tiene algo nuevo y nunca está cerrado, ni siquiera en la temporada baja.

6   Suelo empezar sobre las siete de la mañana terminando sobre las tres de la tarde—depende del día, algunas veces dan horas extra y termino sobre las cinco. ¿Y tú?
Tengo horas fijas de ocho a ocho y me pagan solo 500 la hora.
¡Jo! ¡Quinientas! A mí me pagan trescientas, pero al menos me encanta el trabajo.
Pues a mí no me gusta nada.

7   GANAFLACA . . . el modo más moderno de régimen. Sólo con un par de sobres al día, junto a una dieta baja en calorías, podrá disfrutar de menos peso . . . gana flaca con GANAFLACA y verás los resultados.

8   Pues, estuve dando un paseo por la calle y de repente apareció un coche por la esquina. Venía un autobús por el otro sentido y chocaron. Claro, llamé a la policía y la ambulancia y llegaron en seguida. Mientras tanto, el coche y el autobús estaban muy mal, pero ¡los conductores empezaron a pelearse! Llegó un policía y tomó notas. . . .

9   Pues estoy leyendo una revista de música folklórica. Es de Gales y tiene muchos artículos, pero los principales son sobre los instrumentos tradicionales y la ropa que lleva la gente. Me interesa mucho porque toco el tambor en un grupo los sábados.

Listening Tests - Advanced

Test A

1. B) 2°; C) S; D) 4°
2. 1) B; 2) D; 3) F
3. 1) C; 5) A; 6) B
4. iii; i; iii
5. María está cansada; Roberto quiere salir; María trabaja en una tienda
6. Rutina por la mañana—En España: ii) desayuno en un bar; En Inglaterra: i) desayunar en casa; ii) llegar a la oficina a las 8.30
   Rutina por la noche—En España: ii) cenar a las 10; En Inglaterra: i) cenar pronto
7. a) un banco; b) automóbil/4X4; c) calefacción central; d) reloj
8. A) Sí; B) Sí, No; C) No, Sí
9. José: Sí/le encantan las películas de Madonna;
   María: No/Eva Perón era repugnante;
   Miguel: Sí/Madonna y Eva Perón se parecen;
   Cristina: Sí/excitante, conmovedora
10. She must get to Madrid (her sister is in the hospital); there are no seats on the plane; the train would take
    6 hours longer. She gets a ticket for the next plane.

Test B

1. Andén: 5; Hora de salida: 18.20; Destino: Zaragoza
2. B) 10.000; C) 3.500; D) 30.000
3. Juan: jueves, viernes; Maribel: lunes, martes
4. A) fanático; B) rico; C) impaciente
5. 1) A; 2) E; 3) F
6. A) M30, accidente de camión; B) la Gran Vía, avería de semáforos; C) N1, obras; D) Plaza de Castilla, manifestación
7. Jesús: tienda, bronceándose/en la playa, Cuevas (de Altamira)
   María: casa (de la abuela), cuidar a la abuela/faenas de la casa, nunca salió
8. A, E, F
9. A) Because of the fog on the road.
   B) Not to worry; she will be there all night.
10. a) Someone to accompany him (on a trip)
    b) to South America; Patagonia and its mountains, and maybe the Galapagos Islands

Test C

1. C) middle left; S) top right
2. A) triste; B) contenta
3. Tom y Jerry
4. A) 5; B) 2; C) 3; D) 4; E) 6; F) 1
5. A) la sierra; B) llevar gafas de sol; C) se puede esquiar
6. Paco: No puede mover el brazo derecho y tiene dolor de espalda; descanso completo; sí. Lucía: tiene dolor de garganta; jarabe; no
7. 2) Es algo que pasa mucho hoy en día.
   3) No me interesa nada la política.
   4) Es un problema del gobierno.
8. A) 2; C) 1
9. Casa de Campo: bicycling, walking the dog, washing dishes
   Piso en Madrid: swimming, dancing, studying
10. a) bomb exploded; b) two men; c) in their homes
11. a) the heat, the traffic, and lack of water; b) 392 10 72; c) (Antonio Machado) School/Institute

Test D

1. i) las piernas; ii) comer
2. Luisa; ocho; en el bar (de la estación)
3. Cross out **cócteles de gambas** and replace with **langostinos;** cross out **sopa de legumbres;** replace **2 x pisto manchego** with **3 x;** cross out all the **cafés;** replace **brandy Osborne** with **licores de manzana.**
4. Roberto: Boutique Moda; Javier: Estación del tren; Elena: Ayuntamiento; Gloria: Camping Buenavista
5. Lo que se puede ver: Los Ramblas, Ciudad Olímpica, Parque de Atracciones; Lo que no se puede ver: El Estadio
6. Luis: 12 horas, 500 la hora; Begoña: 300; sí
7. a) dos; b) régimen; c) delgado/flaco
8. 1) H; 2) F; 3) D; 4) B; 5) G; 6) C; 7) E; 8) A
9. (Folk) music magazine; Wales; about traditional instruments and clothes; she is interested in it; because she plays the drums in a band